BEI GRIN MACHT SICH IHR WISSEN BEZAHLT

- Wir veröffentlichen Ihre Hausarbeit, Bachelor- und Masterarbeit

- Ihr eigenes eBook und Buch - weltweit in allen wichtigen Shops

- Verdienen Sie an jedem Verkauf

Jetzt bei www.GRIN.com hochladen und kostenlos publizieren

Bibliografische Information der Deutschen Nationalbibliothek:

Die Deutsche Bibliothek verzeichnet diese Publikation in der Deutschen Nationalbibliografie; detaillierte bibliografische Daten sind im Internet über http://dnb.d-nb.de/ abrufbar.

Dieses Werk sowie alle darin enthaltenen einzelnen Beiträge und Abbildungen sind urheberrechtlich geschützt. Jede Verwertung, die nicht ausdrücklich vom Urheberrechtsschutz zugelassen ist, bedarf der vorherigen Zustimmung des Verlages. Das gilt insbesondere für Vervielfältigungen, Bearbeitungen, Übersetzungen, Mikroverfilmungen, Auswertungen durch Datenbanken und für die Einspeicherung und Verarbeitung in elektronische Systeme. Alle Rechte, auch die des auszugsweisen Nachdrucks, der fotomechanischen Wiedergabe (einschließlich Mikrokopie) sowie der Auswertung durch Datenbanken oder ähnliche Einrichtungen, vorbehalten.

Impressum:

Copyright © 2011 GRIN Verlag
Druck und Bindung: Books on Demand GmbH, Norderstedt Germany
ISBN: 9783668607316

Dieses Buch bei GRIN:

https://www.grin.com/document/386615

Madeleine B.

Neurolinguistische Grundlagen zur Sprachverarbeitung. Sprachenvernetzung und -trennung im Gehirn

GRIN Verlag

GRIN - Your knowledge has value

Der GRIN Verlag publiziert seit 1998 wissenschaftliche Arbeiten von Studenten, Hochschullehrern und anderen Akademikern als eBook und gedrucktes Buch. Die Verlagswebsite www.grin.com ist die ideale Plattform zur Veröffentlichung von Hausarbeiten, Abschlussarbeiten, wissenschaftlichen Aufsätzen, Dissertationen und Fachbüchern.

Besuchen Sie uns im Internet:

http://www.grin.com/

http://www.facebook.com/grincom

http://www.twitter.com/grin_com

Neurolinguistische Grundlagen: Sprachenvernetzung und -trennung im Gehirn - Sprachverarbeitung
Abgabe: 02. November 2011
Madeleine B.

Inhalt	Seite
1 Einleitung	1
2 Sprachverarbeitung im menschlichen Gehirn: Aktive Hirnbereiche	1
3 Sprachverarbeitung auf Neuronenebene	6
4 Fazit	8
5 Bibliographie	8
6 Abbildungsverzeichnis	8

Abbildung 1: Lappeneinteilung des Cortex 2
Abbildung 2: Lateralansicht des Großhirns 3
Abbildung 3: Broca- und Wernicke-Areal 4
Abbildung 4: Das Neuron mit seinen verschiedenen Bestandteilen 6

1 EINLEITUNG

Die vorliegende Ausarbeitung ist im Rahmen des Referats „Neurologische Grundlagen: Sprachvernetzung und –trennung im Gehirn" vom 05. Oktober 2011 entstanden, welches im Proseminar „Mehrsprachigkeit" unter der Leitung von Eva Fernández Ammann gehalten wurde. Im Folgenden soll der Teil der Sprachverarbeitung auf biologischer Ebene wiedergegeben und vertieft werden. Auf dieser Basis wird zuerst der Aufbau des menschlichen Gehirns in Bezug auf Sprache erläutert. Nach anschließender Analyse der Funktionen von linker und rechter Gehirnhälfte wird im letzten Teil vertiefend die Funktionsweise von Neuronen im Gehirn beleuchtet. Der letzte Teil wurde unter anderem auf Basis der Reportage „Auf der Suche nach dem Gedächtnis" über den Nobelpreisträger Eric Kandel erstellt.

2 SPRACHVERARBEITUNG IM MENSCHLICHEN GEHIRN: AKTIVE HIRNBEREICHE

Für alle menschlichen Fähigkeiten ist das Zentralnervensystem (ZNS) verantwortlich. Der Thalamus (von gr. THÁLAMOS > dt. *Kammer*) im Zwischenhirn bildet einen sehr wichtigen Teil des menschlichen Gehirns, denn dieser ist vor allem über efferente Hirnfasern mit dem Cortex (Großhirnrinde) verknüpft. Der Cortex wiederrum wird in zwei Teile geteilt, welche als Hemisphären (Hirnhälften) bezeichnet werden. Es existieren die rechte und die linke Hemisphäre. Jede Hirnhälfte wird auf wissenschaftlicher Basis in vier Lappen, beziehungsweise Grundbereiche unterteilt: Stirnlappen (Lobus Frontalis), Scheitellappen (Lobus parietalis), Schläfenlappen (Lobus temporalis) und Hinterhauptlappen (Lobus occipitalis). In der nachfolgenden Darstellung wird dies bildlich verdeutlicht. (vgl. Schwarz 1996: 62)

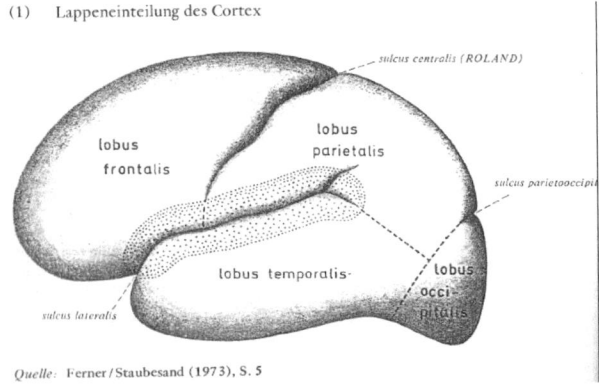

Abbildung 1: Lappeneinteilung des Cortex

Der Cortex ist in zirka 50 weitere Teile unterteilt. Diese sind individuell verschieden, da diese in Dichte, Anordnung und Form der Nervenzellen jedes Einzelnen stark differenzieren. Zu betonen ist jedoch, dass das menschliche Gehirn nur durch Interkonnektivität der einzelnen Bereiche funktionieren kann. Ein sehr wichtiger Punkt spielt dabei die Verknüpfung zwischen den beiden Hemisphären, welche durch ein Nervenfaserbündel, den sogenannten Kommisurbahnen, Informationen austauschen. Die wichtigste Verbindung beider Hälften wird durch den Corpus Callosum, einem Querverbindungsbalken, repräsentiert. Dieser regelt in größtem Ausmaß die Kommunikation zwischen den beiden Hirnhälften. (vgl. Schwarz 1996: 62f)

Nach dieser Erkenntnis stehen alle Hirnbereiche durch unzählig viele Fasern und Balken miteinander in Interaktion. Auf diese Weise werden Informationen ausgetauscht und ergänzt. Ein genauerer Überblick über die circa 50 Hirnbereiche werden in folgender Abbildung veranschaulicht, wobei diese vereinfacht hier zu 27 Stück mit Bezug auf eine Gehirnhälfte zusammengefasst werden:

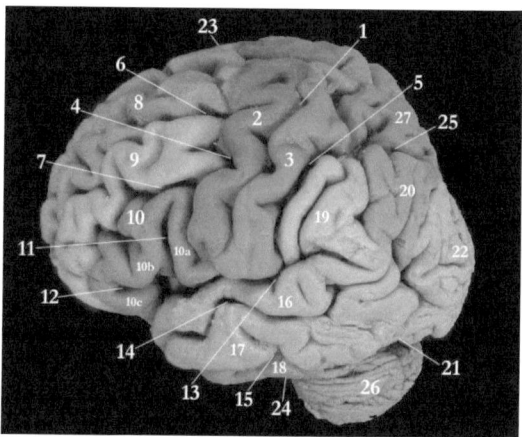

Abbildung 2: Lateralansicht des Großhirns

Eine wichtige Erkenntnis der neurowissenschaftlichen Studien war, dass die Verbindung im Gehirn zwischen den Hemisphären und den Körperteilen stets kontralateral sind, das heißt, dass die linke Hirnhälfte die rechte Körperseite beherrscht und äquivalent dazu die rechte Hirnhälfte den linken Teil des Körpers dominiert. Was also das linke Auge beispielsweise wahrnimmt wird von der rechten Gehirnhälfte verarbeitet. (vgl. Schwarz 1996: 63)

Im Hinblick auf die Sprachrezeption und –produktion ist hervorzuheben, dass diese vordergründig in zwei Hirnarealen ablaufen: im Broca- und im Wernicke Areal (vgl. Weskamp 2007: 47).
Die Entdeckung des Broca Areals kann auf das Jahr 1861 festgeschrieben werden, in dem der Arzt Pierre Paul Broca anhand einer Läsionsstudie an einem Patienten herausfand, dass dessen Sprachvermögen durch eine Schädigung des (heutigen) Broca Areals erheblich eingeschränkt wurde (ibd.: 43).
Im Jahr 1874 wurde dann durch den deutschen Neurologen Carl Wernicke das sogenannte Wernicke Areal entdeckt. Dieser bewies, dass das menschliche Sprachverständnis durch eine Schädigung des Areals stark beeinträchtigt werden kann. (vgl. Pinel 1997: 444)

Folgende Abbildung soll die Lage der beiden Areale veranschaulichen:

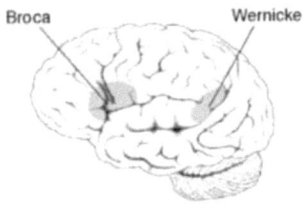

Abbildung 3: Broca- und Wernicke-Areal

Nach neueren neurologischen Forschungen ist nun bekannt, dass beide Areale einseitig liegen, das heißt entweder rechts- oder linkshemisphärisch. Durch verschiedene Experimente und Studien wurde festgestellt, dass bei Rechtshändern primär Broca und Wernicke Areal linkshemisphärisch liegen, währenddessen Linkshänder eine Unregelmäßigkeit von links- und rechtshemisphärischer Lage aufzeigten. Immer jedoch wurde nachgewiesen, dass es von beiden Varianten stets Abweichungen gibt. (vgl. Schwarz 1996: 65)

Auf Basis des heutigen Forschungsstandpunktes werden die verschiedenen Teilbereiche der Linguistik (Phonologie, Morphologie, Syntax, Lexikon und Semantik) hauptsächlich den beiden Hirnarealen zugeschrieben. Dem Broca Areal, welches in Abbildung 2 unter Nummer 10 im sogenannten Gyrus frontalis inferior (vorderer Stirnlappen) abgebildet ist, werden bei Sprachproduktion sowie –rezeption die Syntaxverarbeitung zugeschrieben. Das Wernickeareal hingegen im Gyrus temporalis superior (Nr. 16) soll nach heutiger Erkenntnis für das gesamte Lexikon unserer Sprachkompetenz zuständig sein.

Im Allgemeinen können nun mit Hilfe von Abbildung 2 folgende Annahmen getroffen werden: die Syntaxverarbeitung findet größtenteils im Gyrus temporalis superior (Nr. 16), im unteren Broca Areal (Teil Nr. 10) und im vorderen Bereich des Pars opercularis (Nr. 10 a) statt. Lexik und Semantik hingegen sind im mittleren und hinteren Bereich des Gyrus temporalis superior, im Gyrus temporalis medius (Nr. 17) und Pars triangularis (Nr. 10b) angelegt. Die Prosodie kann nun der rechten Gehirnhälfte, dem Pars opercularis und Gyrus temporalis superior zugeschrieben werden. Wenn Prosodie mit syntaktischen Informationen verbunden ist, so sind die rechte sowie auch die linke Hemisphäre aktiviert. (vgl. Weskamp 2007: 48)

Jedoch wurde durch die neurolinguistische Forschung auch entdeckt, dass neben der syntaktischen und lexikalischen Kompetenz die Prosodie vornehmlich im Vordergrund bei sprachlicher Interaktion steht. Sprachrhythmus, Sprachmelodie, Intonation und Akzent beeinflussen in bedeutendem Ausmaß die Sprachrezeption und anschließende –interpretation. Je nachdem, ob beispielsweise eine Frage gestellt wird, wird die Intonation der gesagten Information verändert und verleiht unserer Aussage eine wichtige Komponente, um im richtigen Kontext vom Sprachrezipienten verstanden zu werden. Demnach wird nach heutigem Standpunkt davon ausgegangen, dass Prosodieproduktion und –rezeption stets in der jeweils anderen Gehirnhälfte liegen, als in der Broca und Wernicke Areal angelegt sind. Im Falle des Rechtshänders wäre also davon auszugehen, dass beide Areale in der linken Gehirnhälfte liegen und die Verarbeitung der Prosodie folglich in der rechten Hälfte abläuft. (vgl. Weskamp 2007: 47f.)

Sehr wichtige Komponenten im Kontext der Prosodie spielen die sogenannten Intonationsphrasengrenzen.
Die Aussage eines Satzes in einer bestimmten Sprache kann nur aufgrund des Verständnisses der Phrasengrenzen verstanden werden. Dabei ist festzuhalten, dass nicht jede syntaktische Phrasengrenze durch die Prosodie angezeigt werden muss, aber jede Intonationsphrasengrenze durch eine syntaktische Grenze. Daraus folgt, dass Kleinkinder, sobald diese die Intonationsphrasengrenzen ihrer Muttersprache feststellen können, in der Lage sind, die Information eines Satzes zu verstehen. (vgl. Friederici 2008: 189f.)
Dabei unterscheiden sich verschiedene Sprachen durch verschiedene Intonationsmuster: im Deutschen werden in der Regel Wörter auf der ersten Silbe betont, währenddessen im Französischen beispielsweise auf der zweiten Silbe betont wird. Beim Erlernen und Verstehen einer Sprache, muss der Lernende sich also erst an die Intonation und an den Rhythmus einer Sprache gewöhnen um im Redefluss Informationen formgerecht verarbeiten zu können. (vgl. Friederici 2008: 192f.)

Nach dem Prinzip der afferenten (ankommenden) und efferenten (wegführenden) Nervenfasern können nach heutigem Forschungsstandpunkt auch andere Teilbereiche des Gehirns, so wie der Thalamus in Verarbeitungsprozesse des Gehirns einbezogen werden. Nach modernen Studien und deren Erkenntnisse wurde sehr bald deutlich, dass neben dem Wernicke und dem Broca Areal noch vielzählige andere Gehirnbereiche in Sprachverarbeitungsprozesse miteingebunden sind. Demnach geht man heutzutage davon aus, dass je nach Komplexität des Satzes unterschiedliche Hirnareale am Sprachverarbeitungsprozess teilnehmen. Das Individuum spielt dabei eine entscheidende Rolle: je nach Intelligenz und der Möglichkeit und des

Ausmaßes der Beanspruchung werden je nachdem mehrere oder weniger Bereiche im Gehirn aktiviert, die letzten Endes konstruktiv zur Sprachrezeption und –produktion beitragen. (vgl. Weskamp 2007: 48f.)

3 SPRACHVERARBEITUNG AUF NEURONENEBENE

Die Frage, die man sich nun stellt, ist, wie Menschen Sprache im genaueren Sinne aufnehmen und verarbeiten können. Dabei ist festzustellen, dass Sprachproduktion und -rezeption mit anschließendem Verständnis auf Neuronenbasis abläuft.

Das menschliche Gehirn besteht aus Milliarden (ca. 10^{11}) von Nervenzellen, auch Neuronen genannt. Jedes Neuron setzt sich aus der Zellmembran, dem Zellkern, der Zellflüssigkeit, den Dendriten mit Synapsen und je einem Axon zusammen.

Die Dendriten sind in einer Nervenzelle für den Eingang der Informationen in die Zelle zuständig, die Axone hingegen für die Informationsausgabe und Weiterleitung in die jeweils nächste Nervenzelle. Wenn nun Nervenreize an den Dendriten ankommen werden diese von den Synapsen entweder verstärkt oder abgeschwächt und an den Zellkörper weitergeleitet. Je nach Stärke des Aktionenpotenzials des Nervenreizes steigert sich das Potenzial an der Zellmembran und das Neuron feuert die eingegangene Information an weitere Neuronen über das Axon ab. Das Signal wird dabei ausgehend von den Synapsen an bis zu 10^4 weitere Neuronen weitergeleitet. (vgl. Rädle 2010: 2; in Anlehnung an die Dokumentation „Auf der Suche nach dem Gedächtnis: Der Hirnforscher Eric Kandel")

Folgende Abbildung soll oben genannte Begriffe verdeutlichen:

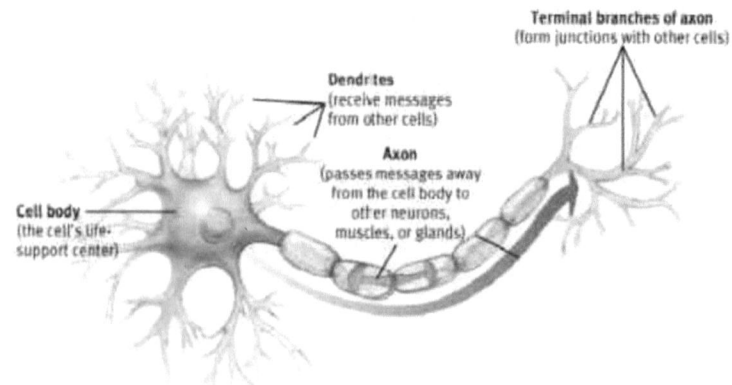

Abbildung 4: Das Neuron mit seinen verschiedenen Bestandteilen

Ob und wie gut ein Individuum seine Lernfähigkeit, und folglich seine Sprachfähigkeit ausbauen kann, hängt vom Typ der individuellen Synapsen ab. (vgl. Rädle 2010: 2)

Zur Verdeutlichung hier eine vereinfachende Darstellung einer Synapse:

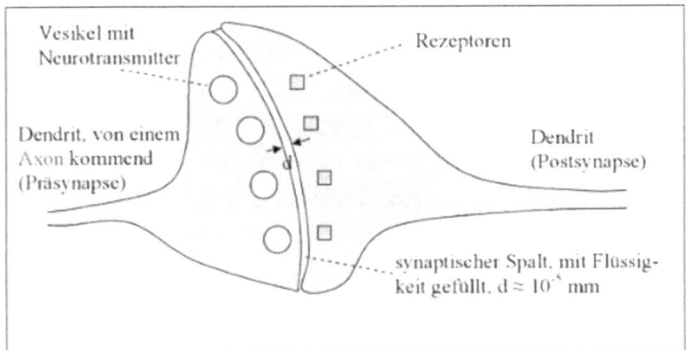

Abbildung 5: Aufbau einer Synapse

Im Allgemeinen werden Synapsen nach Bauart und der Füllung der sogenannten Vesikel mit Neurotransmittern unterschieden. Je nach chemischer Substanz des Transmitters, so beispielsweise Acetylcholin, Noradrenalin oder Serotonin, existieren zahlreiche Varianten von Synapsen im menschlichen neuronalen Netzwerk. (vgl. Rahmann 1976: 33)

Nach Anstieg des Potenzials im Axon und dem anschließenden „Abfeuern" der Information gelangt der jeweilige Neurotransmitter in den synaptischen Spalt. Folglich kommt es durch Aufnahme des Potenzials an den Rezeptoren ebenfalls zu einer Potenzialänderung an der Postsynapse, an den Dendriten. Auf Grund der Veränderung des Potenzials durch die Informationsweiterleitung kommt es schließlich zu einer Veränderung der Synapse. Diese Veränderung der Nervenzelle repräsentiert dabei den Lernprozess und die Speicherung einer neuen Information im Gedächtnis. (vgl. Rädle 2010: 2)

Es ergibt sich daraus, dass das Neuron mit all seinen Bestandteilen gleichzeitig für Informationsverarbeitung und Informationsspeicherung im Gehirn zuständig ist. (vgl. Sinz 1979: 32)

Dieser Lernprozess gilt für Sprachrezeption, -verständnis und –aneignung, sowie auch für sämtliche andere Bereiche aus unserem Leben, durch die Lernen und Wissensausbau möglich gemacht werden. Die höchst komplexen Prozesse, die dabei in den neuronalen Netzwerken unserer Gehirne ablaufen, variieren dabei stets individuell von Person, Situation und äußeren Umständen.

4 FAZIT

Zusammenfassend kann nun ausgesagt werden, dass das menschliche Gehirn durch seine Individualität und Unregelmäßigkeit als höchst komplexes und einzigartiges neuronales Netzwerk zu betrachten ist. Es hängt stets von Person und Beanspruchung ab, welche Leistung das Gehirn aufbringen kann und wie gut es in der Lage ist, Information aufzunehmen und zu übertragen. Das Gehirn kann im Laufe der Zeit in jeder Hinsicht trainiert und verbessert werden. Strenge Verallgemeinerungen sind demnach auf dem Gebiet der Hirnforschung nur schwer nachzuweisen und zu erklären.

5 BIBLIOGRAPHIE

Friederici, Angela D. (2008): *Gehirnkorrelate sprachlicher Verarbeitungsprozesse in den ersten Lebensjahren*. In: Fink, Helmut/ Rosenzweig, Rainer [Hrsg.]: "Neuronen im Gespräch. Sprache und Gehirn". Paderborn: Mentis.

Weskamp, Ralf (2007): *Mehrsprachigkeit: Sprachrevolution, kognitive Sprachverarbeitung und schulischer Fremdspracherwerb*. Braunschweig: Julius Klinkhardt.

Schwarz, Monika (^{3}2008[1992]): *Einführung in die kognitive Linguistik*. Tübingen/Basel: Francke.

Rädle, Klaus (2010): *Neuronale Netze. Eine Einführung mit Programmbeispielen*. Online-Reproduktion der Erstausgabe von 2010. Berlin: Pro Business (2010); books.google.de.

> http://books.google.de/books?id=PzUi3plU7BMC&printsec=frontcover&hl=de&source=gbs_ge_summary_r&cad=0#v=onepage&q&f=false (19.12.2011)

Rahmann, Hinrich (1976): *Neurobiologie*. Stuttgart: Eugen Ulmer.

Sinz, Rainer (1979): *Neurobiologie und Gedächtnis*. Stuttgart/New York: Gustav Fischer.

6 ABBILDUNGSVERZEICHNIS

Abbildung 1: Lappeneinteilung des Cortex

Leuninger, Helen (1989): *Neurolinguistik: Probleme, Paradigmen, Perspektiven*. Opladen: Westdeutscher Verlag; S. 2.

Abbildung 2: Lateralansicht des Großhirns

Sora, M.C/ Szaykov, D. Universität Wien, Institut für Anatomie 2.

URL:http://www.univie.ac.at/anatomie2/plastinatedbrain/main.html (04.10.11)

Abbildung 3: Broca- und Wernicke-Areal

URL:http://upload.wikimedia.org/wikipedia/commons/thumb/0/03/BrocasAreaSmall.png/220px-BrocasAreaSmall.png (04.10.11)

Abbildung 4: Das Neuron mit seinen verschiedenen Bestandteilen

Ruehl (2004): *Datenverarbeitung im menschlichen Gehirn.* Technische Hochschule Mittelhessen.
URL:http://homepages.thm.de/~hg10013/Lehre/MMS/SS04/ruehl/ (24.10.11)

Abbildung 5: Aufbau einer Synapse.

Rädle, Klaus (2010): *Neuronale Netze. Eine Einführung mit Programmbeispielen.* Online-Reproduktion der Erstausgabe von 2010. Berlin: Pro Business (2010); books.google.de; S. 2.

URL:http://books.google.de/books?id=PzUi3plU7BMC&printsec=frontcover&hl=de&source=gbs_ge_summary_r&cad=0#v=onepage&q&f=false (19.12.2011)

BEI GRIN MACHT SICH IHR WISSEN BEZAHLT

- Wir veröffentlichen Ihre Hausarbeit, Bachelor- und Masterarbeit

- Ihr eigenes eBook und Buch - weltweit in allen wichtigen Shops

- Verdienen Sie an jedem Verkauf

Jetzt bei www.GRIN.com hochladen und kostenlos publizieren